100
dni miłości

KAROLINA SIERBO

Wydanie: 1
Miejsce i data wydania: Białystok 2023

ISBN: 978-83-969604-1-2

Ta książka jest dla

_____

Dzień 1

Nawet bez makijażu, sztucznych rzęs,
z mokrymi włosami, złą cerą,
nadal postrzegam Cię jako
najładniejszą dziewczynę na świecie.

Dzień 2

Gdybym miał wybierać między
słońcem, księżycem i gwiazdami,
wybrałbym twoje oczy,
ponieważ świecą jaśniej niż wszystko
inne.

Dzień 3

Jesteś osobą, z którą chcę przeżyć
milion przygód, tańczyć w kuchni,
całować się w deszczu, robić śniadanie
do łóżka,
opiekować się Tobą gdy jesteś chora,
śmiać się i płakać, zakochiwać w kółko.
Jesteś moja.

Dzień 4

Mam nadzieję, że rozumiesz jak wiele
dla mnie znaczą nasze pogawędki, żarty
i wspólnie spędzony czas.

Dzień 5

Chcę żebyś była moją ostatnią, nie chcę
zaczynać od nowa z kimś innym.
Chcę żebyś była moją ostatnią miłością,
moim ostatnim pocałunkiem,
ostatnią osobą z którą przeżyję
przygody i ostatnią osobą którą widzę
przed zaśnięciem.
Chcę tylko Ciebie do samego końca.

Dzień 6

Jesteś wszystkim czego kiedykolwiek
mogłem sobie wymarzyć, a nawet
więcej. Zakochałem się tak głęboko w
Twojej duszy i sposobie w jaki
sprawiłaś, że się poczułem od samego
początku.
Jesteś dla mnie wszystkim.

Dzień 7

Jestem taki dumny ze wszystkiego co
robisz. Spotkanie z Tobą to jedna z
najlepszych rzeczy jaka mi się
przytrafiła. Dosłownie nie wiem co bym
bez Ciebie zrobił.
Jestem wdzięczny za to, że jesteś w
moim życiu.

Dzień 8

Chciałbym móc zastąpić cały smutek w
Twoim sercu nieskończonym
szczęściem.

Dzień 9

Dziękuje Ci za rozumienie mnie i mojej
zmęczonej duszy. Dziękuję że pokazałaś
mi zupełnie inną drogę życia.
Kocham każdą sekundę spędzoną z
Tobą.

Dzień 10

Nigdy nie myślałem, że spotka mnie takie szczęście. Myślałem, że ludzie tacy jak Ty istnieją tylko w filmach które mają szczęśliwe zakończenia. Zmieniłaś moje życie na lepsze i chcę spędzić resztę życia próbując Ci za to podziękować.

Dzień 11

Naprawdę warto było na Ciebie czekać.

Dzień 12

Nigdy nie myślałem, że spotka mnie takie szczęście. Myślałem, że ludzie tacy jak Ty istnieją tylko w filmach które mają szczęśliwe zakończenia. Zmieniłaś moje życie na lepsze i chcę spędzić resztę życia próbując Ci za to podziękować.

Dzień 13

Mam na Twoim punkcie obsesję. W najzdrowszy, najlepszy i satysfakcjonujący sposób. Inspirujesz mnie, motywujesz i pomagasz być coraz lepszym. Dzięki Tobie wiem, że prawdziwa miłość istnieje

Dzień 14

Kochanie Cię jest jak całe życie dobrych
dni połączonych w jedno.

Dzień 15

Obiecuję że nigdy Cię nie opuszczę.
Nigdy z nas nie zrezygnuję. Chcę
spędzić każdą chwilę na jawie próbując
uczynić Cię najszczęśliwszą, najbardziej
kochaną duszą na całej planecie
Ziemia.
Jestem Twój aż do końca.

Dzień 16

Wiem że czasami tego nie okazuję, ale jestem wdzięczny za Ciebie, za każdą rzecz którą robisz. Chciałbym żebyś wiedziała jak bardzo Cię cenię, 7 dni w tygodniu, 24h na dobę, cały czas. Dziękuję że jesteś.

Dzień 17

Nigdy w życiu nie byłem co do kogoś
tak pewien.

Dzień 18

Zawsze wybiorę Ciebie. W najbardziej
słoneczne dni i najciemniejsze noce.
Wybiorę Ciebie każdego dnia przez
resztę mojego życia.

Dzień 19

Jesteś moją ulubioną osobą. Kocham
sposób w jaki mnie traktujesz, to jak
sprawiasz uśmiech na mojej twarzy
kiedy mam doła.
Tak się cieszę że pojawiłaś się w moim
życiu.

Dzień 20

Dzień w którym się poznaliśmy zmienił
całe moje życie na lepsze.
Żyję teraz jak w bajce.

Dzień 21

Jesteś najlepszą osobą we wszystkich galaktykach i wszechświatach. Jesteś niezastąpiona.

Dzień 22

Spotkanie z Tobą było jak słuchanie
mojej ulubionej piosenki pierwszy raz.

Dzień 23

Przepraszam że tyle się na Ciebie
patrzę. Lubię podziwiać to co w życiu
dostałem.

Dzień 24

Milion rzeczy umie wywołać u mnie
sztuczny uśmiech. Ale kiedy Ty go
wywołujesz, wtedy naprawdę się
uśmiecham.

Dzień 25

To takie proste. Kocham Cię bardziej
niż siebie.

Dzień 26

Chcę Ciebie. Całą Ciebie. Wszystkie
Twoje problemy. Wszystkie Twoje
błędy. Wszystkie Twoje idealne
niedoskonałości. Chcę Ciebie i całą
Ciebie.

Dzień 27

Nie opuszczę Cię nawet gdy zrobi się
ciężko i tragicznie. A dlaczego?
Ponieważ według mnie wtedy zaczyna
się prawdziwa miłość.

Dzień 28

Gdy z Tobą rozmawiam, godziny mijają
mi jak sekundy. Stąd wiem że Cię
kocham.

Dzień 29

Kocham Cię, i wiem że mówiłem to już
tyle razy, ale naprawdę tak jest.
Zakochałem się w każdym Twoim
kawałku. Jak tylko słyszę Twój głos albo
widzę Twój uśmiech, poprawia mi to
humor na cały dzień. Tak bardzo Cię
kocham.

Dzień 30

Przed poznaniem Cię chciałem się
poddać i nie szukać miłości. Pokazałaś
mi że czekanie na nią się opłaciło.

Dzień 31

Nie wiem jak mam Ci dziękować za to
że jesteś w moim życiu. Po prostu
dziękuję.

Dzień 32

Chciałbym Cię teraz przytulać zamiast
tylko o Tobie myśleć.

Dzień 33

Obiecuję Ci być dla Ciebie zawsze.
Dzisiaj, jutro, wczoraj i wszędzie
pomiędzy. Możesz zawsze na mnie
liczyć.

Dzień 34

Nie lubię gdybać, ale gdybym mógł
spędzić resztę życia z Tobą nie
wahałbym się ani sekundy.

Dzień 35

Z Tobą jest po prostu inaczej. Inaczej w
najlepszy możliwy sposób. Sprawiasz,
że czuję się bezpieczny, zauważony,
zrozumiany. Śmiejemy się razem i
siedzimy w ciszy razem, robimy
wszystko razem i to uwielbiam.

Dzień 36

Chcę zobaczyć jak wygrywasz, spełniasz
każde swoje marzenie, osiągasz każdy
cel. Chcę zobaczyć jak pokonujesz
przeszkody na swojej drodze, jak
osiągasz sukces. Jestem Twoim
największym fanem, moja gwiazdo.

Dzień 37

Jesteś moim domem,
moją świątynią,
moim bezpiecznym miejscem,
moim szczęściem.
Jedynym miejscem w którym chcę być
to te gdzie jesteś Ty.

Dzień 38

Podobasz mi się w aspektach których
nigdy byś nie zrozumiała. Twoje piękno
na zewnątrz i w środku przewyższa
wszystko co kiedykolwiek zobaczyłem
na oczy. Jesteś ósmym cudem tego
świata.

Dzień 39

Spędzę całe życie próbując dać Ci
miłość na którą zawsze zasługiwałaś.

Dzień 40

Wszyscy się pytają dlaczego się tyle
uśmiecham. Zauważają że coś się we
mnie zmieniło, potrzebowałem tej
zmiany przez długi czas. Nigdy
wcześniej nie czułem się tak kochany.

Dzień 41

Przeszliśmy razem tak wiele a nadal
tylko z Tobą chcę rozwiązywać podobne
problemy. Ciężkie czasy przyjdą
zawsze, prędzej czy później, ale wiem
że jesteśmy na tyle silni aby stawić im
czoła. Nasza miłość przezwycięży
wszystko, zobaczysz.

Dzień 42

Nieważne jak późno jest, jak daleko od siebie jesteśmy albo jak długo nie rozmawialiśmy. Jestem i będę dla Ciebie zawsze. Możesz do mnie zadzwonić, napisać, przyjść do mnie w każdej chwili. Nigdzie się nie wybieram.

Dzień 43

Szczerze?
Uważam się za najszczęśliwszą osobę
na świecie mając Cię u swojego boku.

Dzień 44

Nie mam pojęcia co takiego w życiu
zrobiłem, że zasłużyłem na kogoś tak
niesamowitego jak Ty.

Dzień 45

Dziękuję że nie oceniasz mnie za moje
błędy i moją przeszłość, za to że zawsze
mnie słuchasz. Za to że dajesz najlepsze
rady i pocieszasz gdy potrzebuję jedynie
wysłuchania.

Dzień 46

Chcę Ciebie i wszystko co z Tobą
związane. Chcę Twoje niedoskonałości,
błędy, problemy, Twoje wszystko.
Chcę Ciebie i chcę nas.

Dzień 47

Tak długo jak żyję i oddycham, nie
będziesz musiała zastanawiać się po
nocach czy kogoś obchodzisz.
Nie pozwolę na to abyś zasypiała czując
się samotnie i na to żebyś w jakikolwiek
dzień czuła się niekochana.

Dzień 48

Twoja obecność daje mi sens w życiu,
nigdy wcześniej nie czułem się tak
ciepło, przyjemnie i tak chciany.
Do Ciebie chcę wracać codziennie do
domu.

Dzień 49

Nigdzie się nie wybieram.
Na 1000000%. Gdy mówię że zostanę
przy Twoim boku, mówię serio.
Kocham Cię wszystkim co mam i zrobię
wszystko żebyś czuła się przeze mnie
kochana.

Dzień 50

Dziękuję za sprawienie że zakochałem
się w życiu od nowa.

Dzień 51

Nie mogę się doczekać życia z Tobą.
Nie mogę się doczekać zamawiania
jedzenia o 2 ranem w naszej kuchni.
Nie mogę się doczekać patrzenia na
deszcz przez okno w naszym salonie
popijając kawę. Nie mogę się doczekać
wszystkiego. Nawet najmniejsze rzeczy
są z Tobą jak najlepsza przygoda
mojego życia.

Dzień 52

Jeśli mógłbym dać Ci jedną rzecz w
życiu, byłaby to umiejętność patrzenia
moimi oczami.
Tylko wtedy zrozumiałabyś jak bardzo
wyjątkowa dla mnie jesteś.
Jestem szczęściarzem że Cię mam.

Dzień 53

Jedyne czego teraz pragnę to leżeć na Twojej klatce i czuć bicie Twojego serca. Chcę zasnąć w Twoich ramionach z palcami włożonymi w Twoje włosy. Chcę Cię całować, bawić się włosami. Chcę być teraz z Tobą.

Dzień 54

Moglibyśmy jedynie siedzieć w pokoju i
nic nie robić, i wciąż byłbym
najszczęśliwszą osobą na świecie, bo
byłbym z Tobą.

Dzień 55

Wiem że mówiłem to milion razy, ale
chcę żebyś to zrozumiała. Zakochałem
się w każdej części Ciebie. Nigdy nie
czułem takiego szczęścia jakie czuję
przy Tobie. Tak Cię kocham.

Dzień 56

Złap mnie za rękę i przejdźmy przez to razem. Jesteśmy w tym razem, już nie jesteś sama. Zraniona, wesoła, płacząca, biedna, zła czy w innym stanie, zawsze będę z Tobą.

Dzień 57

Spędziłem całe życie marząc o takiej
osobie jak Ty. Więc nawet na sekundę
nie myśl o tym że Cię zostawię.
Nie zostawię Cię jutro, nie zostawię
dzisiaj. Nie zostawię Cię do końca życia.

Dzień 58

Jesteś głównym powodem dla którego
codziennie się uśmiecham.

Dzień 59

Nie masz pojęcia jak wiele dla mnie
znaczysz.

Dzień 60

Dziękuję za pokazanie mi że jestem
wart tak pięknej i szczerej miłości.
Dziękuję za Twoją cierpliwość gdy
najbardziej jej potrzebowałem.
Dziękuję.

Dzień 61

Nadal mam motylki w brzuchu gdy o
Tobie myślę.

Dzień 62

Inspirujesz mnie każdego dnia na
nowo. Każdego dnia kocham Cię
bardziej niż poprzedniego.
Każdy dzień uznaję za cud, to wszystko
dzięki Tobie.

Dzień 63

Wyzwalasz we mnie moje wewnętrzne
dziecko.

Dzień 64

Najpiękniejsza rzecz w Tobie? Twój umysł, serce, dusza, energia, vibe, wszystko.

Dzień 65

Jesteś moim ulubionym
powiadomieniem,
moim ulubionym wschodem słońca,
moją ulubioną ręką do trzymania,
moim ulubionym człowiekiem,
miłością mojego życia.

Dzień 66

Wiesz na co najbardziej czekam?
Na wspólne małe przygody dnia
codziennego. Z Tobą.
Wszystko chcę przeżyć z Tobą u mojego
boku.

Dzień 67

Skąd wiedziałem że jesteś tą jedyną?
Od razu poczułem spokój będąc przy
Tobie. Poczułem się jak w domu.
Moje całe ciało się rozluźniło.
Po prostu wiedziałem.

Dzień 68

Ja to mam szczęście. Znalazłem
najlepszą przyjaciółkę i soulmate z
jednej osobie.

Dzień 69

Sprawiasz że moje serce czuje się
bezpiecznie. Twoje uściski wyciszają
mój umysł. Twoja energia rozjaśnia
moją duszę. Twój śmiech sprawia że
czuję się jak w domu.

Dzień 70

Jesteś moją motywacją, moją muzą,
osobą której nie chciałbym stracić za
żadne skarby. Zmieniłaś moje życie na
bardziej wartościowe.

Dzień 71

Za każdym razem jak widzę Twoją
twarz czuję niesamowitą wdzięczność.
Nie ukrywaj się przede mną, chcę Cię
całą.

Dzień 72

Twoja miłość nauczyła mnie życia od
nowa, spędzę wieczność dziękując Ci za
to dzień po dniu.

Dzień 73

Nie mogę Ci obiecać że wszystko
zawsze będzie perfekcyjnie, ale mogę Ci
obiecać że zawsze będę Cię
bezgranicznie kochać.

Dzień 74

Mimo tego że nie jesteśmy razem za długo, wiem że chcę spędzić z Tobą resztę mojego życia.

Dzień 75

Chcę się z Tobą zestarzeć, patrzeć jak
nasze dzieci dorastają. Chcę z Tobą
doświadczyć wszystkiego co tylko
możemy. O naszej miłości będą
nagrywać filmy romantyczne,
obiecuję Ci.

Dzień 76

Cześć piękna, chcę Ci tylko powiedzieć
że nie mogę się doczekać aż znowu się
zobaczymy. Odliczam minuty.

Dzień 77

Dzisiaj mamy kolejny piękny dzień.
Piękny, bo nadal mam Ciebie i nic mi
więcej do szczęścia nie jest potrzebne.

Dzień 78

Jesteś powodem dla którego wstaję
codziennie rano z łóżka.

Dzień 79

Nie mogę się doczekać aż znowu Cię
uściskam. Myślę o Tobie zawsze,
gdziekolwiek jesteś. Nie umiem pozbyć
się myśli o Tobie w ciągu dnia.
Rozpraszasz mnie w tak piękny i
niesamowity dla serca sposób.

Dzień 80

Muszę Ci coś wyznać. Jestem od Ciebie
uzależniony. Od Twojego zapachu,
uśmiechu, dotyku, głosu. Rozbudzasz
we mnie wszystkie zmysły których
człowiek zakochany może doznać.

Dzień 81

Moje uczucia do Ciebie stają się
mocniejsze z każdym dniem.
Codziennie na nowo się w Tobie
zakochuję, moja piękna.

Dzień 82

Poprzedniej nocy liczyłem powody dla
których Cię kocham, licząc przy okazji
gwiazdy. Zanim doszedłem do końca,
skończyły mi się gwiazdy.

Dzień 83

Nie mogę się doczekać dnia aż będę
mógł nazwać Cię moją żoną.
Już wkrótce będę mógł sprawić że
będziesz najszczęśliwszą kobietą na
świecie.

Dzień 84

Nie chcę żadnej odległości między
nami. Chcę żeby nasze serca biły jako
jedność, skóra się wzajemnie
przenikała, a nasze dusze połączyły się
w jedną.

Dzień 85

Nigdy nie zapomnę dnia w którym się
poznaliśmy.
Wiedziałem że będziesz moja.

Dzień 86

Najdroższa, jesteś moją drugą połową.
Mój organizm nie jest w stanie bez
Ciebie funkcjonować. Obiecuję zawsze
być przy Tobie gdy tego potrzebujesz,
tak jak Ty jesteś przy mnie.

Dzień 87

Kocham Cię. Tak proste słowa, a tak
wiele znaczą.

Dzień 88

Gdy z Tobą jestem każdy moment jest
magiczny. Zupełnie tak jakby czas się
zatrzymywał, a my bylibyśmy jedynymi
ludźmi na Ziemi.

Dzień 89

Nie jestem dobry w pisaniu poematów,
a jeśli chodzi o Ciebie to nigdy nie
umiem znaleźć właściwych słów na
opisanie mojej miłości. Jedyne czego
jestem pewien to Ty.

Dzień 90

Pomiędzy oceanami, galaktykami i
księżycami, byłem szczęściarzem że
wylądowałem w tym samym miejscu co
Ty. Od zawsze byliśmy pod jednymi
gwiazdami, musiałem jedynie odnaleźć
drogę do Ciebie.

Dzień 91

Chcę z Tobą zostać na tak długo na ile
mi pozwolisz. Nie chcę po kilku
wspaniałych miesiącach się z Tobą
rozstawać. Nie chcę żeby żadne z nas
czuło się porzucone lub odrzucone.
Chcę być z Tobą na wieki.

Dzień 92

Jesteś moim wszystkim. Inne słowa nie
są w stanie opisać moich uczuć do
Ciebie. Kocham Cię bezgranicznie.

Dzień 93

Masz w moim sercu miejsce którego
nikt inny nie będzie w stanie zająć.

Dzień 94

Tak łatwo było się w Tobie zakochać,
jesteś chodzącym marzeniem. Masz
wspaniałą duszę i serce zrobione ze
złota. Jestem w Tobie zakochany po
uszy. Życie bez Ciebie nie byłoby takie
samo. Jesteś moim bezpiecznym
miejscem.

Dzień 95

Kocham Cię. Kocham Cię dzisiaj,
kocham jutro , kochałem wczoraj i będę
już zawsze. Nieważne gdzie życie mnie
zaprowadzi, możesz zawsze na mnie
liczyć.

Dzień 96

Masz ramiona którymi chcę się otulić.
Masz oczy w których chcę się gubić.
Masz uśmiech na który chcę patrzeć
godzinami. Masz głos którego chcę
słuchać bez przerwy jak ulubionej
piosenki. Zdecydowałem że chcę
Ciebie. Tylko Ciebie.

Dzień 97

To Twojej miłości pragnę o każdej
porze dnia. W każdej godzinie.
Każdej minucie. Każdej sekundzie.
Chcę Cię do końca.

Dzień 98

Moim ulubionym kolorem jest kolor
Twoich oczu. Moim ulubionym
dźwiękiem jest Twój śmiech.
Moim ulubionym zapachem jest Twoje
ciało. Moim ulubionym uczuciem jest
miłość do Ciebie.

Dzień 99

Chcę jednego całego dnia z Tobą.
24 godziny. 1440 minut. 86400 sekund.
Chcę abyśmy byli tylko we dwoje.
Żebyś była cała moja na aż i tylko cały
dzień. Tego teraz pragnę.

Dzień 100

Chcę aby moimi ostatnimi słowami
ostatniego dnia mojego życia było
"Kocham Cię".

Printed in Poland
by Amazon Fulfillment
Poland Sp. z o.o., Wrocław

34978243R00118